LA CATHÉDRALE

ET LE

PALAIS ÉPISCOPAL DE MEAUX

EXTRAIT DE LA NOTICE PUBLIÉE EN 1871

PAR

Monseigneur Auguste ALLOU

ÉVÊQUE DE MEAUX

Se vend 50 centimes,
au profit de l'École des Sœurs de Meaux.

MEAUX

A. LE BLONDEL, IMPRIMEUR-LIBRAIRE DE L'ÉVÊCHÉ

SAINT-REMY, 2, ET PLACE DE LA CATHÉDRALE

1884

LA CATHÉDRALE

ET LE

ALAIS ÉPISCOPAL DE MEAUX

EXTRAIT DE LA NOTICE PUBLIÉE EN 1871

PAR

Monseigneur Auguste ALLOU

ÉVÊQUE DE MEAUX

Se vend 50 centimes,
au profit de l'École des Sœurs de Meaux.

MEAUX

LE BLONDEL, IMPRIMEUR-LIBRAIRE DE L'ÉVÊCHÉ

RUE SAINT-REMY, 2, ET PLACE DE LA CATHÉDRALE

1884

LA CATHÉDRALE DE MEAUX

1. — La Cathédrale primitive.

C'est une tradition constante que saint Denis, premier apôtre de Paris, évangélisa également le pays meldois, et qu'il y établit comme évêque son disciple saint Saintin. A cette époque, l'ancienne ville de Meaux était située au nord de la ville actuelle, dans la longue presqu'île que formait le cours de la Marne, et où s'étendent aujourd'hui les faubourgs de Chaâge et de Saint-Faron. C'est donc là qu'il convient de chercher l'église ou la cathédrale des premiers évêques de Meaux ; aussi les auteurs les plus accrédités la placent près de l'ancien amphithéâtre (*Cavea*), sur l'emplacement qu'occupa plus tard l'abbaye de Chaâge, aujourd'hui le monastère de la Visitation ; cette église était dédiée à la Sainte Vierge, et, au commencement du XIᵉ siècle, l'évêque saint Gilbert en parle encore sous le nom de *Sancta Maria in Cavea*.

Après la destruction de la ville gallo-romaine par les barbares, une nouvelle ville ne tarda pas à la remplacer, et, d'après quelques vestiges de l'appareil gallo-romain que l'on distingue encore dans nos anciennes murailles, on peut croire que notre ville actuelle était déjà fortifiée au Vᵉ ou VIᵉ siècle.

Les évêques y avaient certainement fait construire une église dédiée à saint Etienne, premier martyr, car on voit dans la vie de saint Faron, mort en 672, que cet évêque avait embelli et doté l'église de Saint-Etienne.

En 1005, saint Gilbert donnait aux chanoines de la cathédrale l'église de Notre-Dame de Chaâge, ce qui peut expliquer comment notre cathédrale, généralement connue sous le nom de Saint-Etienne, reconnaissait également la Sainte Vierge pour patronne, ainsi que le prouvent des chartes authentiques.

2. — Construction de la cathédrale actuelle et sa restauration.

On peut bien penser qu'il ne subsiste plus rien de cette première cathédrale, qui fut très probablement détruite lors de l'invasion des Normands au IXᵉ siècle. Les fouilles opérées dans ces derniers temps autour de notre cathédrale, ont fait reconnaître l'existence incontestable d'une église romane qui pouvait appartenir au XIᵉ ou XIIᵉ siècle. Cette église aurait-elle été l'ouvrage de Gauthier Saveyr mort en 1082, comme le suppose Toussaint Duplessis, dans son *Histoire de l'Eglise de Meaux ?* Cela n'est pas impossible; cependant aucune des parties de la cathédrale actuelle ne parait remonter à une époque aussi reculée.

L'église, de Gauthier Savoyr aurait-elle été remplacée par une église ogivale dans la dernière moitié du XIIe siècle? C'est une question sur laquelle nous n'avons trouvé aucun renseignement. Mais il est certain que les bases des colonnes monostyles des collatéraux de la nef avec leurs pattes angulaires, les ogives du triforium et les fenêtres du croisillon nord du transept, et probablement les arcades inférieures du chœur, ne sont pas postérieures à la première moitié du XIIIe siècle. L'édifice alors existant avait dû être construit peu solidement, puisque, dès le milieu de ce siècle, le Chapitre songeait à rebâtir la cathédrale, et, lorsque, en 1268, Jean de Poincy faisait un appel de fonds à ses diocésains en faveur de son église, il la présentait comme tombant en ruines : de sorte qu'il s'agissait plutôt d'une reconstruction que d'une simple restauration. C'est donc à partir du XIIIe siècle qu'il nous faut placer la construction de notre cathédrale actuelle, au moins pour la plus grande partie.

Plusieurs architectes, entr'autres M. Viollet-Leduc, ont constaté, d'après des traces encore visibles. que, dans l'origine, il y avait au-dessus de nos bas-côtés des galeries voûtées comme à Notre-Dame de Paris, et que, lors des grands travaux de la fin du XIIIe siècle, on supprima la voûte des bas-côtés en conservant celle des galeries supérieures, ce qui donna une hauteur peu commune à nos nefs collatérales.

Jeanne de Navarre, dernière comtesse de Champagne, morte en 1304, avait institué Simon Festu, évêque de Meaux, son exécuteur testamentaire, et l'on croit que cet évêque employa les largesses de la princesse à la construction du rond-point du sanctuaire. Les parties supérieures du chœur et les chapelles de l'abside sont certainement de la fin du xiiie siècle ou du commencement du xive.

On n'avait primitivement construit que trois chapelles absidales ; les deux chapelles intermédiaires ont été ajoutées au xive siècle. C'est à ce même siècle et au commencement du xve que l'on doit rapporter les portails du transept et une partie de la façade occidentale.

Jean du Drac, qui occupa le siège épiscopal de 1458 à 1473, fit commencer la tour du nord, qui ne fut achevée que vers 1530. Le même évêque faisait restaurer la nef, et l'on reconnaît ses armoiries dans les dragons grimpants que l'on voit au troisième pilier du côté droit.

Jean Rose, bourgeois de Meaux, avait fondé la chapelle du Saint-Sacrement, en 1331.

Le chanoine Jean de Marcilly, mort en 1506, fonda la chapelle de l'Annonciation, et fit décorer le portail qui est sous la tour.

Un autre chanoine, Pierre Fabri, fonda, vers 1512, la chapelle de la Visitation.

Il restait à élever la tour du midi. Mais les guerres de religion qui survinrent, et le défaut de ressources pécuniaires ne permirent pas de pousser plus loin cette grande entreprise.

Travaux de restauration. — La Cathédrale de

Meaux, dont la construction avait duré plusieurs siècles, avait été malheureusement bâtie avec des matériaux de mauvaise nature, et, de plus, son entretien avait été pendant longtemps fort négligé; de sorte qu'il s'en était suivi de très grandes dégradations, surtout du côté du midi.

Dès les premières années du règne de Louis-Philippe, le gouvernement décida qu'on s'occuperait sérieusement de sa restauration. Mais les premiers travaux exécutés depuis 1832 jusqu'en 1842 sous la direction de M. Dupont, architecte de Melun, laissaient beaucoup à désirer. C'est alors que M. Danjoy, architecte de Paris, fut nommé architecte diocésain, et pendant vingt ans il a dirigé les travaux avec beaucoup d'habileté. M. Ohnet lui a succédé en 1862, et à sa mort, en 1874, il a été remplacé par M. Devrez, qui poursuit encore aujourd'hui avec beaucoup de succès et de dévouement les travaux importants qui lui ont été confiés.

Le pourtour du chœur et du sanctuaire, à partir du portail du midi jusqu'à la sacristie, a été presque entièrement reconstruit à neuf, depuis les fondations, pour lesquelles il a fallu creuser le sol à une profondeur de six ou sept mètres, jusqu'à la balustrade en pierre qui règne autour du grand comble.

3. — **Extérieur du monument. — Ancienne flèche.**

A ne juger de la cathédrale de Meaux que par

l'extérieur, elle semble inférieure à beaucoup d'autres églises si richement décorées. Cet édifice présente dans son ensemble un style sévère; et si l'on excepte les portails, on trouve à peine quelques traces de sculptures sur les murailles.

La façade principale, quoique inachevée, est fort belle, et mérite une description détaillée.

Quant au pourtour du chœur et du sanctuaire, il offre beaucoup de grandeur et de noblesse. Les contreforts élancés sont terminés par de petites pyramides, ornées sur leurs arêtes de feuillages recourbés, et deux rangs superposés d'arcs-boutants, hardiment jetés, viennent s'appuyer sur les murs latéraux du chœur. Ces arcs retombent à leur extrémité sur des colonnes, dont les bases ornées d'un rang de perles. et les chapiteaux ornés de feuilles à crochets ou de feuilles naturelles sont, en plusieurs endroits, d'une parfaite conservation. Les gargouilles saillantes qui partent des contreforts en sont souvent le seul ornement.

Flèche. — Notre cathédrale possédait autrefois une belle flèche en charpente, couverte de plomb, qui s'élevait au-dessus du transept. Comme cette flèche menaçait ruine, on fut obligé de la démolir vers 1640. La boule et la croix. qui étaient de cuivre doré, pesaient 600 livres, et furent employées à la décoration du grand autel, en 1686.

La cathédrale est entièrement dégagée du côté du midi, le gouvernement ayant, depuis 1830, fait disparaître toutes les ignobles échoppes que l'on y avait adossées. Du côté du nord, la sacristie et une portion de l'ancien cloître, servant aujourd'hui de salles de catéchisme, viennent s'appuyer sur l'église.

4. — Façade occidentale, ou grand portail.

Cette façade, commencée sur le plan noble et imposant de nos plus belles basiliques, offre trois portails à voussures profondes, dont les deux latéraux devaient être surmontés de deux tours car-

rées, comme à Notre-Dame de Paris. Malheureusement la tour méridionale, celle de droite, a été à peine commencée, et les constructions en pierre

ont été remplacées par une lourde charpente couverte en ardoises, désignée sous le nom de *Tour
noire.*

Parvis. — Ce qui contribue à donner de la grâce
à cette façade, c'est le beau parvis qui la précède,
et auquel on monte par huit marches. Ce parvis,
fait en 1610, a environ 40 mètres de largeur sur
une profondeur de 9 mètres en avant du trumeau
des portails. Il a été entièrement rétabli vers 1816.

Sur sa largeur, la façade est divisée en trois
parties par quatre contreforts de bon goût, encore
très ornés dans leur partie inférieure, mais qui
ont perdu presque toutes leurs sculptures dans les
parties supérieures.

Le portail du milieu et celui de droite sont
surmontés l'un et l'autre de frontons triangulaires
aigus, avec des bouquets de feuilles recourbées
sur leurs arêtes, et des compartiments flamboyants
dans les tympans.

Le portail de gauche, sous la tour, présente une
ogive plus obtuse que les deux autres, surmontée
d'un très petit fronton à contre-courbe.

Les trois portails offrent chacun des voussures
profondes, garnies de trois rangées de statuettes
d'anges, de saints et de saintes, surmontées de
petits dais. Ils étaient décorés de chaque côté de
trois grandes statues, portées sur des bases éle-
vées, ornées d'arcades figurées ; le trumeau présentait une septième statue avec une base semblable. Toutes ces statues ont disparu, et les
statuettes des voussures sont fort mutilées.

Tympans. — Les tympans de ces trois portails
sont remplis par trois rangées de bas-reliefs qui
ont un peu moins souffert que les autres sculptures.

Au portail du milieu, le bas-relief supérieur représente Notre-Seigneur assis entre deux anges
adorateurs. Au-dessous, les anges sonnent de la
trompette pour annoncer le jugement dernier.
Entre ces anges sont quatre personnages à genoux;
le nécrologe du Chapitre autorise à croire que ces
figures représentent Philippe de Valois et Jeanne
de Bourgogne, sa femme, assistés de leurs patrons.
Ce serait un témoignage de reconnaissance envers
le roi qui avait concédé une place près de la porte
épiscopale pour y faciliter le prolongement de
l'église. Le bas-relief inférieur présente, dans le
milieu, la sortie des tombeaux; à gauche, les
anges conduisent les élus au paradis, figuré par
de petites niches; on croit y voir saint Pierre
faisant entrer la reine Jeanne, et un ange prenant
le roi par la main; à droite, les démons précipitent
les reprouvés dans l'enfer, figuré par une vaste
gueule de dragon vomissant des flammes.

Au trumeau de la porte, il devait y avoir une
statue de Notre-Seigneur. Les autres statues
représentaient des Evêques de Meaux. On lit
encore, sur le contre-fort qui sépare ce portail de
celui de droite, ces mots gravés en caractères gothiques : CE SONT LES SAINCTS EUESQUES DE LEGLE DE
CEANS.

Au portail de droite, il est probable qu'une
grande statue de la sainte Vierge était adossée au

trumeau. Dans le bas-relief inférieur, on distingue parfaitement l'Annonciation, la Naissance de Notre-Seigneur et l'Adoration des Mages. Au-dessus, la Mort de la sainte Vierge, à laquelle assistent les douze Apôtres groupés de chaque côté, et Notre-Seigneur, entre deux anges, emportant l'âme de la sainte Vierge au ciel. Enfin, dans le bas-relief supérieur, Notre-Seigneur est assis, ayant la sainte Vierge à sa droite, avec deux anges adorateurs.

Au portail de gauche, consacré à saint Jean-Baptiste, une grande statue de ce saint devait décorer le trumeau. Au sommet du tympan on voit un *Agnus Dei* entre deux Anges. Au-dessous, le bas-relief représente, à gauche, la Naissance de saint Jean-Baptiste, avec Zacharie écrivant sur une tablette le nom de l'enfant, à droite saint Jean reprochant à Hérode son alliance incestueuse. Dans le bas-relief inférieur on voit, à gauche, la décollation du saint précurseur dans la prison, et à droite le repas pendant lequel on apporte sa tête à la fille d'Hérodiade.

Au-dessus des portails, la partie centrale de la façade est remplie par une grande ogive dans laquelle est inscrite une rose à compartiments flamboyants, dont la partie inférieure est malheureusement bouchée. Ce second étage est couronné par une galerie destinée à unir les deux tours, et formée d'arcades cintrées sans chapiteaux, caractère évident du XVIe siècle.

Tour. — Le portail de gauche sert de base à la

tour qui s'élève majestueusement à près de 70
mètres, décorée dans le style des XVe et XVIe siècles.

Outre les gargouilles, on aperçoit sur les diverses faces de la tour plusieurs animaux bizarres.
On en retrouve aussi quelques-uns à l'intérieur :
ainsi, au troisième étage, près de la fenêtre donnant sur la cour de l'Evêché, on voit un renard
qui semble tout récemment sculpté, tant il est bien
conservé.

Le sommet de la tour présente une plate-forme
recouverte en plomb et entourée d'une balustrade
en pierre de style flamboyant. Cette balustrade a
été refaite en grande partie en 1835, sur le dessin
de l'ancienne. A trois des angles de cette plate-
forme, s'élève une flèche pentagone en forme de
guérite, surmontée d'une petite pyramide : deux
de ces pyramides sont terminées par un faisceau
formé de quatre fleurs-de-lis. La tourelle de l'angle nord-est a été frappée de la foudre au mois de
juillet 1863, et par suite démolie. Ces constructions,
dénuées d'ornements, n'ont aucune grâce, et de
loin leur forme ressemble assez à celle d'une bou-
teille. Elles ont été toutes quatre presque entièrement refaites au commencement de ce siècle :
deux d'entre elles portent la date de 1818. Dans
l'une des tourelles est l'escalier de la tour ; une
autre servait à loger le guet en temps de guerre,
et les deux autres à renfermer ses provisions.

La tour a 61 mètres de haut, au-dessus de la
cour de l'Evêché, la balustrade non comprise.
Celle-ci a près de 1 mètre 30 de haut. En ajoutant

7 mètres pour les tourelles: la hauteur totale de la tour sera de 69 à 70 mètres au-dessus de la cour de l'Evêché.

La plate-forme mesure 12 mètres 50 centimètres sur chaque face. On y monte par un escalier de 310 marches.

Cloches. — Avant 1789, la cathédrale possédait dix cloches dont les deux plus grosses, qui avaient été conservées pendant la révolution, furent refondues en 1809 sous les noms d'Etiennette et Faronne.

Dès 1805, Madame Dassy avait donné pour le service ordinaire des offices une petite cloche de 347 kilos, qui fut bénie sous le nom de Marie-Rose.

En 1859, le conseil de fabrique de la cathédrale voulant avoir une sonnerie plus forte et plus harmonieuse décida que ces trois cloches seraient refondues et remplacées par quatre nouvelles qui donneraient l'accord parfait.

La bénédiction de ces quatre cloches a été faite par Mgr l'Evêque de Meaux, le 18 décembre 1859.

La plus grosse, Marie, pèse 3.214 kilos.

La deuxième, Etiennette, pèse 1.605 kilos.

La troisième, Faronne, pèse 900 kilos.

La quatrième, Céline, pèse 350 kilos.

L'ornementation de ces cloches, fondues par M. Dutot, est du meilleur goût, et la plus grosse peut être considérée comme un modèle du genre.

5. — Portail septentrional. — Sacristie.

Le portail septentrional, qui ouvrait sur le petit

cloître, est entiè-
rement. obstrué
dans sa partie in-
férieure par l'es-
calier de la haute
sacristie et les bâ-
timents adjacents.
Comme ce portail
ne donnait pas sur
la voie publique,
il a été construit
avec beaucoup
plus de simplicité
que celui du midi.
La porte n'a point
de voussures pro-
fondes mais seule-
ment deux fais-
ceaux de colon-
nettes de chaque
côté. Le trumeau
conservé de l'an-
cienne cathédrale
mérite l'attention
des visiteurs :
c'est un monolithe
mesurant 3 mè-
tres 65 de hau-
teur ; il est décoré
d'un chapiteau
composé de feuil-

les de vigne et de grappes de raisin servant de dais
à une statue de saint Etienne. Le diacre martyr est
revêtu de la dalmatique, et soutient, de la main
gauche sur sa poitrine, un évangéliaire très orné.

Cette statue bien exécutée dans le style du
XIIe siècle a pour support une statue plus petite
assise, à figure barbue, que l'on suppose être celle
de Moïse; le tout d'un seul bloc de pierre très
dure.

Le linteau de cette porte, de plus d'un mètre de
hauteur, offre quatre groupes de figures représentant le martyre de saint Etienne, que l'on voit
condamné dans le conseil des Juifs, emmené hors
de la ville, lapidé, et enfin enseveli. Ces bas-reliefs,
fort mutilés en 1562, peuvent encore se voir derrière les boiseries de la haute sacristie. Au-dessus
de ce linteau, le tympan de l'ogive est décoré de
deux trèfles et d'une rose à huit lobes.

Le pignon qui termine cette façade n'a d'autre
ornement qu'une fausse rose. Il était surmonté
autrefois d'une statue de saint Etienne, qui a été
descendue parce qu'elle menaçait ruine.

Sacristie. — Près de ce portail est la sacristie
qui ouvre sur le bas-côté gauche du chœur, et qui
a été agrandie de moitié en 1721, par le cardinal
de Bissy et le Chapitre.

6. — Portail méridional.

Ce portail, beaucoup plus richement décoré que
le portail du nord, est aujourd'hui en voie complète

de restauration. On a déjà refait les deux contreforts dont il est flanqué ; celui de droite qui ren-
ferme un escalier a été reconstruit de fond en comble dans les années 1848 et 1849 ; il est terminé par
un élégant campanile formé d'arcades trilobées,
et surmonté d'une pyramide ornée de têtes d'animaux à sa base et de feuilles recourbées sur ses
arêtes.

Le contre-fort de gauche achevé seulement en
1883, est terminé par un campanile semblable au
précédent, mais dans des proportions un peu
moindres. Ce travail, exécuté sur le dessin de
M. Devrez, produit le meilleur effet.

Le portail proprement dit présente une ogive à
voussures profondes garnies de statuettes d'anges
et de saints. Le tympan offre trois rangs de bas-
reliefs ; sur celui du bas on voit saint Etienne
discourant dans l'assemblée des Juifs, puis emmené
chargé de chaînes ; au-dessus, la lapidation du
saint et sa sépulture ; enfin au sommet, Notre-
Seigneur assis entre deux anges adorateurs. Les
six grandes figures placées des deux côtés de la
porte, représentent des apôtres ; mais elles sont
très mutilées, et la statue de saint Etienne qui
était adossée au trumeau a disparu.

Sur les panneaux sculptés qui accompagnent
ce portail, à droite et à gauche, il y avait encore
quatre statues de saints, parmi lesquels saint
Denis portant sa tête. Les frontons triangulaires
qui surmontent la porte et les panneaux ont été
refaits de 1832 à 1835.

2.

Le pignon de ce portail était surmonté primitivement d'une statue de l'archange saint Michel,
qui a été remplacée dans le dernier siècle par une
statue de la Sainte Vierge.

7. — Intérieur de l'Eglise. — Plan général et dimensions.

C'est surtout à l'intérieur que la Cathédrale de
Meaux offre un beau modèle d'architecture ogivale, et peut rivaliser, par son élégance et sa har-
diesse, avec nos cathédrales de France les plus
vantées. Son plan très régulier présente une large
nef, accompagnée à droite et à gauche d'un double
bas-côté d'une élévation peu ordinaire. A la suite
de la nef, s'ouvre le transept ou la croisée, d'une
largeur égale à celle de la nef, et terminée à
chaque extrémité par un portail latéral surmonté
d'une très belle fenêtre. Le chœur, dont l'entrée
est entièrement dégagée, est accompagné, comme
la nef, d'un double bas-côté, mais seulement jusqu'à la hauteur du sanctuaire, où le bas-côté
extérieur est remplacé par les cinq chapelles qui
forment le fond de l'Eglise.

En se plaçant sous la tribune de l'orgue, on
saisit parfaitement tout l'ensemble de cet édifice,
et si l'on n'éprouve pas d'abord ce religieux éton-
nement qui s'empare de l'âme lorsqu'on entre
dans nos plus vastes basiliques, telles que Char-
tres, Paris, Bourges ou Amiens, on ne peut se
défendre d'un sentiment d'admiration à la vue

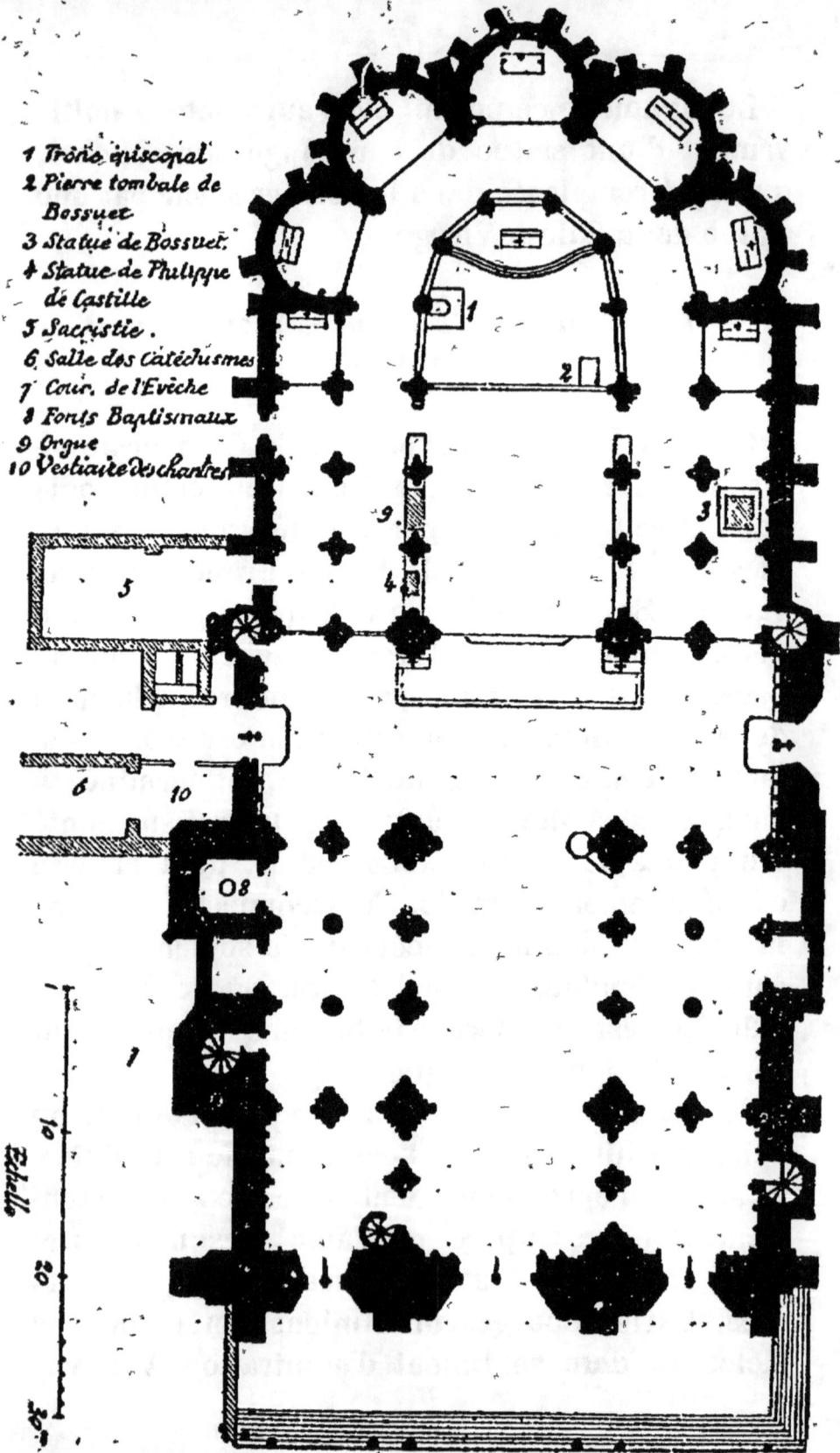

1 Trône épiscopal
2 Pierre tombale de Bossuet
3 Statue de Bossuet.
4 Statue de Philippe de Castille
5 Sacristie.
6 Salle des Catéchismes
7 Cour de l'Évêché
8 Fonts Baptismaux
9 Orgue
10 Vestiaire des chantres

Échelle

de cette composition pleine de noblesse et d'élégance.

Malgré certaines imperfections de détail, il n'en est pas moins vrai que, par la largeur de la nef, l'élévation des voûtes, surtout dans les bas-côtés, les grandes et nobles proportions du chœur, l'élégance du triforium et des fenêtres, la cathédrale de Meaux peut être hardiment citée au second rang parmi les plus belles églises de France.

Voici les principales dimensions de l'édifice, prises dans l'intérieur :

Longueur totale dans œuvre	84m35
Longueur depuis le trumeau du grand portail jusqu'à l'axe des premiers piliers du transept.	28 68
De l'axe de ces piliers à la grille du chœur	13 67
De la grille du chœur au sanctuaire. .	17 33
Du commencement du sanctuaire à la grille derrière l'autel	12 53
De la grille derrière l'autel à l'ouverture de la chapelle du chevet. . . .	4 56
Profondeur de la chapelle du chevet .	7 58
Largeur totale dans le transept . . .	35 »
Nef, de l'axe d'un pilier à l'autre. .	13 77
Largeur du dallage du chœur entre les stalles	7 70
Largeur des bas-côtés de la nef entre les piliers	3 30
Hauteur de la voûte au milieu du transept	31 50

Hauteur de la voûte du chœur . . . 29 »

Hauteur de la voûte des bas-côtés, et
des chapelles absidales. 16 25

8. — La Nef et ses Bas-Côtés.

La nef, un peu trop courte, est soutenue par des
piliers dont les chapiteaux sont décorés de guir-
landes de feuilles de vigne ou de houx. Dans les
bas-côtés on remarque quatre colonnes d'un seul
fût dont les bases annoncent une époque plus ancienne, probablement le XIIe siècle.

Le triforium ou galerie qui règne au-dessus
des grandes arcades de la nef présente des types
bien différents; on y voit des ogives assez lour-
des, des arcades à plein cintre, des tores et des
moulures anguleuses selon les diverses époques
de la construction ou de la restauration. Il en est
de même pour les voûtes de la nef et de ses bas-
côtés, aussi bien que des fenêtres de cette partie de
l'église, où l'on peut suivre les diverses phases de
l'architecture depuis le style sévère du XIIIe siècle,
jusqu'aux compartiments flamboyants du XVIe.

Orgues. — La tribune des orgues est soutenue
par une arcade hardiment jetée d'un pilier de la
nef à l'autre, et ornée dans le style du XVIe siècle.
Au fond de la tribune, le mur du portail est richement décoré; malheureusement ce beau travail
est perdu pour la vue derrière le buffet des orgues.

Les orgues actuelles furent faites et placées, en
1627, par Valeran de Heman, le plus habile fac-
teur de son temps.

Chaire. — La chaire, très simple, n'a d'autre mérite que d'avoir été refaite avec les panneaux de l'ancienne chaire, dans laquelle Bossuet avait si souvent fait entendre sa voix éloquente; un de ces panneaux porte la date de 1621.

Tableaux. — On remarque sous les tours deux grands tableaux dont l'un représente la flagellation de saint André d'après le Dominiquin, et l'autre, le même saint conduit au supplice, d'après le Guido. Ces tableaux sont des copies de deux fresques peintes concurremment par ces deux artistes dans la chapelle de Saint-André au couvent de Saint-Grégoire-le-Grand, à Rome. Au-dessus de la porte de l'escalier de la tour, un autre tableau représente saint Paul frappant Elymas d'aveuglement.

9. — Chapelles de la Nef.

Entre les contreforts de la nef, et hors œuvre, on a construit quatre chapelles, deux au midi, deux au nord.

La première, du côté du midi, c'est-à-dire la plus proche du portail, avait été dédiée au S. Sacrement. Elle fut fondée par Jean Rose, bourgeois de Meaux, en 1331.

Le fondateur et sa femme inhumés dans cette chapelle, sont représentés sur une belle dalle de marbre noir, avec des incrustations de marbre blanc. Les deux personnages sont figurés dans des niches gothiques très ornées, surmontées de fron-

tons aïgus avec des pinacles. Jean Rose a les pieds
sur un lion ; ceux de sa femme reposent sur deux
chiens. Dans la partie supérieure de cette tombe,
on voit quatre charmantes figures d'anges. L'inscription fait connaître que ce bourgeois mourut
en 1374 et sa femme dès 1328.

La seconde chapelle de ce côté, dédiée à saint
Martin, fut décorée d'un lambris par le chanoine
Martin Marinel, mort en 1649. Ce lambris existe
encore au fond de la chapelle et sur le côté droit :
on y voit plusieurs petits panneaux peints sur bois
par Senelle, représentant diverses circonstances
de la vie de saint Martin. La boiserie du côté
gauche vient de la Chartreuse de Bourgfontaine,
diocèse de Soissons.

On a provisoirement placé dans cette chapelle
un petit autel et une statue de saint Joseph, en
attendant que l'on puisse décorer convenablement
en l'honneur de ce saint la chapelle saint Eloi.

Dans le bas-côté, en face de la chapelle saint
Martin, on voit la tombe de Valentin Pidoux,
vicaire général de Bossuet, mort doyen du Chapitre
en 1738, et un peu plus bas, celle de Jean Phéli-
peaux, également grand vicaire de Bossuet, mort
en 1708.

La première chapelle du côté du nord, où sont
les fonts baptismaux, est dédiée à la Visitation.
Elle fut bâtie, en 1512, par le chanoine Pierre
Fabri, qui y est enterré. On y voit un groupe de
deux statues bien exécutées, représentant sainte
Elisabeth et la sainte Vierge.

Depuis quelques années, on y a placé un beau tableau représentant l'Adoration des Mages. Il avait été fait en 1636, pour le maître-autel de La Chapelle-Gauthier, et il a été offert à la cathédrale, en 1803, par la fabrique de cette église, qui ne se trouvait pas en mesure de supporter les frais de sa restauration. On l'attribuait communément à Philippe de Champagne, mais rien n'est moins certain.

En face de cette chapelle, près du gros pilier faisant l'angle du transept, une modeste inscription tumulaire rappelle la mémoire de Sébastien de Brossard, chanoine, mort en 1730, qui a publié plusieurs ouvrages estimés sur la musique.

La seconde chapelle, dite de l'ANNONCIATION, a été bâtie par le chantre Jean de Marcilly, qui mourut en 1508, et y est enterré. On y a placé le tableau de l'Annonciation attribué à Lebrun, dont M. de Ligny avait décoré la chapelle du Chevet en 1661. On voyait autrefois, sur la verrière, le chantre Jean de Marcilly, représenté en chape, avec le bâton, symbole de sa dignité, comme on peut l'observer sur sa belle pierre tombale encore visible.

10. — Transept ou Croisée.

Le *transept* ou la croisée se fait remarquer par ses grandes et élégantes proportions.

La décoration des deux faces latérales peut se diviser en quatre ordres ou quatre étages: l'arcature inférieure, de grandes ogives figurées, une galerie à jour, et une grande verrière.

La galerie à jour est formée de quatre ogives correspondant à quatre fenêtres qui se marient très bien aux verrières supérieures. Au portail du nord cette galerie est plus ornée qu'au portail du midi ; les ogives y sont surmontées d'un fronton aigu ; à leur base, règne une balustrade formée de petites arcades trilobées, aux extrémités de laquelle on voit d'un côté une statue de la sainte Vierge, et de l'autre côté celle de l'évêque saint Gilbert.

Les deux grandes verrières qui terminent la décoration des portails latéraux se subdivisent d'abord en deux, puis en quatre, et enfin en huit ogives secondaires. A la verrière du nord, on voyait jadis la sainte Vierge entourée des saints évêques de Meaux.

Jubé. — Il existait anciennement à l'entrée du chœur un jubé formé de trois arcades avec deux autels dédiés à saint Etienne et à saint Sébastien. Ce jubé, ruiné par les Huguenots, avait été rétabli aux frais du chapitre en 1563 ; mais, voulant dégager l'entrée du chœur, le cardinal de Bissy supprima le jubé, et fit construire à sa place deux beaux autels en marbre qu'il dédia à saint Faron et à saint Henri, son patron.

Ces autels fort riches étaient séparés par une belle grille en fer, don du chanoine Laurent ; mais ils avaient le défaut capital de masquer le chœur presque autant que le jubé, et d'être tout-à-fait en désaccord avec le style de l'édifice. Ils furent

à leur tour démolis en 1835, sous Mgr Gallard.
Une somme de 22,000 francs ayant été accordée
par l'Etat pour restaurer cette partie de l'édifice,
on a élevé deux autels gothiques en avant des
piliers du transept. Ces autels, exécutés en boiseries et en carton-pierre, dans le style du xvi⁰ siècle, sont décorés de tableaux dus aux pinceaux
de M. de Laval. Celui de droite représente sainte
Céline recevant le voile des mains de sainte Geneviève ; celui de gauche représente saint Faron
rendant la vue à un jeune aveugle en lui donnant
le sacrement de confirmation.

Les bas-côtés du chœur sont fermés par quatre
grilles en fer, qui ont été données par Mgr de
Faudoas, au commencement de ce siècle.

11. — Le chœur et le sanctuaire.

Le Chœur de notre cathédrale, si remarquable
par ses belles proportions, mérite toute l'attention
des artistes.

Le Chœur proprement dit, depuis le transept
jusqu'aux marches du sanctuaire, est composé de
trois travées. Les arcades inférieures qui ne s'élè-
vent pas à plus de neuf mètres, donnent la hauteur
des bas-côtés primitifs. Au-dessus de ces arcades
règne une petite frise décorée de fleurons en
étoiles, ornement qui rappelle l'époque de transi-
tion. Les élégantes ogives à jour qui les surmontent, et qui offrent les mêmes divisions que les
fenêtres supérieures, doivent appartenir, comme
celles-ci, au xiv⁰ siècle.

Le Sanctuaire, dont la date paraît certaine (fin du XIIIe siècle ou commencement du XIVe); est composé de sept travées formées par les deux derniers piliers du chœur, et par six belles colonnes d'environ 13 mètres de haut, cantonnées d'une grosse moulure qui s'élève d'un seul jet du sol du sanctuaire aux clefs des voûtes. L'intervalle entre ces colonnes est de 3 mètres à 3 mètres 35. Cet entrecolonnement est très remarquable, si on le compare avec celui de la plupart de nos grandes cathédrales, où l'on ne trouve souvent que 2 mètres à 2 mètres 50 d'intervalle entre les piliers, et contribue beaucoup à donner de la grâce et de la légèreté au sanctuaire. A cet avantage, il faut joindre la hauteur peu ordinaire des chapelles absidales, qui égale celle des bas-côtés ; de sorte que l'on trouverait difficilement une abside plus élégante et plus gracieuse que la nôtre.

Galeries. — A 16 mètres environ du pavé de l'église, règne, tout autour du chœur, une galerie formée d'ogives trilobées, qui présente encore plus de légèreté et d'élégance dans les travées du sanctuaire.

Grandes fenêtres. — Le chœur est éclairé par treize grandes fenêtres ogivales qui se subdivisent en plusieurs ogives trilobées surmontées de roses à six lobes.

Voûte. — La voûte du chœur a été refaite en grande partie vers le milieu du XVIIIe siècle. Au rond-point du sanctuaire, la clef de voûte présente une tête de femme couronnée. D'après la tradition, cette tête est celle de Jeanne de Navarre, et la tête d'évêque que l'on voit à la travée suivante serait celle de Simon Festu, son exécuteur testamentaire.

Autel. — L'ancien autel, qui avait été décoré en 1563 et en 1686, fut démoli en 1723, et remplacé, aux frais du cardinal de Bissy, par l'autel encore existant, qu'il consacra le 25 juin 1726. Cet autel, d'un marbre vert plus estimé qu'agréable à la vue, a 4 mètres de long. On y monte par trois degrés du même marbre.

Le beau médaillon de saint Etienne en cuivre doré, qui décore le devant de l'autel a été fait en 1725, par Caignard, sculpteur du roi. Les six chandeliers et la croix de bronze doré. que l'on voit aujourd'hui sur l'autel, ont été donnés par l'Etat en 1833. et ont coûté 7,000 fr. chez Bertrand-Paraud. Le tabernacle, fourni par la maison Choiselat, a coûté 2,500 fr. à la Fabrique, en 1838.

A droite et à gauche de l'autel, on a placé en 1876 deux grands candélabres de fer forgé, qui se composent de trois couronnes de diamètre différent, formant chacun un massif de 65 lumières. Ce beau travail, relevé d'or et de couleurs variées, par MM. Jouy et Cousin, qui en avaient donné le dessin, a été exécuté par M. Hanoteau, serrurier d'art à Paris, et a coûté 1,850 francs, lesquels ont été payés par des offrandes des fidèles.

« *Grilles du sanctuaire.* — Les belles grilles qui entourent aujourd'hui le sanctuaire ont été données par l'Etat, et exécutées par M. Gaillardon,

serrurier à Meaux, sur les dessins de M. Ohnet.
La dernière grille placée derrière l'autel n'a été
posée qu'au mois d'octobre 1879.

Stalles. — Les anciennes stalles du chœur, qui
étaient fort belles, avaient été brisées en 1562 par
les Huguenots. Refaites en 1610, dans la forme la
plus simple, elles n'ont d'autre ornement qu'une
branche de feuillage sous l'accoudoir, et une tête
d'ange sous le siège.

La boiserie qui surmonte les stalles a été ajou-
tée en 1722, aux frais du Chapitre, et en particu-
lier du chanoine Laurent.

Orgue d'accompagnement. — Dans la deuxième
travée du côté gauche, on a établi en 1835 un
orgue d'accompagnement, qui va être remplacé
très prochainement par un instrument plus com-
plet. Ce travail, pour lequel l'Etat a fourni
10,000 fr., est confié à M. Merklin et Cie.

Tableaux. — Sur la corniche de la boiserie des
stalles, reposent six grands tableaux représentant,
à droite : saint Paul prêchant à Athènes ; la conversion de saint Paul ; Notre-Seigneur donnant
les clefs à saint Pierre ; à gauche : la Pêche mira-
culeuse ; le martyre de saint Etienne ; saint Paul
et saint Barnabé à Lystres.

Ces six tableaux, auxquels il faut joindre saint
Paul frappant Elymas d'aveuglement, saint Pierre
et saint Jean guérissant un boiteux à la porte du
Temple, et la mort d'Ananie, ont été exécutés à
Rome, d'après les ordres de Louis XIV, par les
élèves de l'Ecole française, pour servir de modèles

à la manufacture des Gobelins. Ce sont des copies des tapisseries du Vatican que Léon X avait fait faire à Arras d'après les cartons de Raphaël.

: Ces toiles ont été données, vers 1755, par Louis XV à M. de Fontenille pour la décoration de sa cathédrale.

12. — Bas-côtés du chœur.

.., Ces collatéraux sont composés de quatre travées séparées par des piliers cantonnés. de quatre colonnes engagées, avec chapiteaux à feuillages recourbés. Les huit verrières qui les éclairent reproduisent les formes et les divisions des grandes verrières du chœur.

- *Porte Maugarni.* — Dans le collatéral du nord, on remarque la petite porte *Maugarni*, charmante composition du XVIe siècle. Cette porte doit son nom à un malfaiteur que le bailli de Meaux avait fait arrêter et pendre en cet endroit, l'an 1372 ; ce qui fut l'occasion d'un grand procès entre le chapitre et le bailli.

- Près de cette porte, on a placé l'*Ecce homo* ou *Dieu de pitié,* qui était autrefois adossé à l'un des piliers du transept. C'est une bonne statue en pierre du XVIe siècle, au bas de laquelle une petite statuette de chanoine indique le donateur.

Statue de Philippe de Castille. — En face de la sacristie, une très-belle statue de marbre blanc. représente un jeune chevalier à genoux, Philippe de Castille, mort en 1627. Elle avait été érigée dans l'église du couvent de la Merci fondé en 1603, par le père de ce chevalier, Philippe de Castille Seigneur de Chenoise, qui mourut en 1650 en odeur de sainteté. A la suppression des couvents, cette statue passa au Musée des monuments français, d'où elle a été envoyée à la cathédrale de Meaux, vers 1817.

Statue de Bossuet. — Dans le collatéral du midi, un monument de marbre blanc est élevé à la mémoire de l'illustre Evêque qui a jeté tant d'éclat sur le siège de Meaux, Bossuet est représenté assis, revêtu de la cappamagna. Sur les deux côtés du piédestal sont sculptées les armes du prélat, au champ d'azur, à trois roues d'or, posées deux et une, et, sur le devant, on lit l'inscription suivante :

JACOBO. BENIGNO. BOSSUET.

MELDENSIUM. PRÆSULI.

HOC. MONUMENTUM.

DEDICAVIT. MELDENSIS. CIVITAS.

ATQUE. PROPITIO. REGE.

ET. FAMULANTIBUS. VICINARUM. URBIUM.

MAGISTRATIBUS. ET. POPULIS.

POSUIT.

GRATA. ET. MIRANS.

ANNO. R. S. MDCCCXX.

Ce monument a été exécuté par le sculpteur Rutxiel, au moyen des sommes votées par le Conseil général et par le Conseil municipal de Meaux, et de souscriptions volontaires. Tous les marbres ont été donnés par le Gouvernement. Cette statue, dont l'inscription porte la date de 1820, a été mise en place en 1822.

Dans le même bas-côté, deux grands tableaux sont suspendus au-dessus du mur de clôture du chœur ; l'un représente saint Pierre et saint Jean guérissant un boiteux à la porte du temple, et l'autre la mort d'Ananie.

Chapelles. — A l'extrémité des deux bas-côtés du chœur, on a conservé jusqu'ici deux autels du XVIIe siècle dont le style grec contraste avec le reste de l'édifice.

A gauche, la chapelle saint Eloi a été décorée en 1649, par le chantre Claude Frémin. Le tableau représentant la mort de saint Eloi, et près de lui sainte Bathilde et ses enfants, est de Senelle, peintre natif de Meaux.

A droite, la chapelle primitivement de saint Nicolas, aujourd'hui du Sacré-Cœur, avait été décorée par le chanoine Jean Bordel.

Le mauvais tableau de la Résurrection qui s'y trouvait, a été remplacé, en 1879, par une belle statue, en pierre, du Sacré-Cœur, due à la générosité de deux personnes qui ont voulu rester inconnues.

13. — Chapelles absidales.

Tout autour du sanctuaire règne une série de

chapelles très élégantes, dans l'ordre suivant en commençant par la gauche ;

1° Saint Jacques le majeur ; 2° saint Jean l'évangéliste; 3° Notre-Dame du Chevet ; 4° sainte Geneviève ; 5° saint Fiacre.

Ces cinq chapelles absidales ont été reconstruites de fond en comble, de 1857 à 1869, sur le modèle des anciennes, dont le style a été parfaitement conservé : ces chapelles semi-circulaires comprennent chacune sept petites travées séparées par des colonnettes, au-dessus desquelles les arceaux de la voûte viennent aboutir à une élégante rosace.

Elles sont éclairées par cinq grandes fenêtres, à l'exception de la première du côté du nord, qui n'en a que quatre.

Saint Jacques le majeur. — La première chapelle, dédiée à saint Jacques le majeur, a été reconstruite dans le style du x111e siècle. On y a placé un autel en pierre soutenu sur le devant par quatre colonnes. Cet autel a été consacré, le 14 octobre 1865, par M. Fleurnoy, vicaire-général, en vertu d'un indult apostolique. La belle grille qui ferme cette chapelle a été faite par M. Grandremy, serrurier à Meaux, et mise en place en 1865.

Les vitraux, exécutés par M. Plée, peintre-verrier à Meaux, ont été donnés en 1867 par madame veuve Joseph Dassy, née Julie Dubosc, décédée en 1868. Le vitrail du milieu reproduit d'abord les patrons de la donatrice et de son mari ; puis, en dix tableaux, la légende de saint

Jacques, qu'on peut suivre ainsi de bas en haut :
1° la vocation de saint Jacques ; 2° la pêche mi-
raculeuse ; 3° l'apparition de la sainte Vierge à
saint Jacques ; 4° la conversion du magicien
Hermogènes ; 5° saint Jacques saisi par le scribe
Josias ; 6° saint Jacques condamné à mort par
Hérode-Agrippa ; 7° saint Jacques guérit un pa-
ralytique ; 8° saint Jacques baptise Josias converti ; 9° saint Jacques est décapité, l'an 44 ;
10° son corps est transporté en Espagne.

Saint Jean l'Evangéliste. — Cette chapelle, bâtie
sur un terrain donné par Charles-le-Bel en 1322,
a été reconstruite dans le style du XIVᵉ siècle ;
l'autel, d'un seul bloc de pierre, a été consacré
en même temps que celui de saint Jacques. Le
retable, couvert d'ornements de cuivre doré, est
un très beau travail sorti des ateliers de M. Ba-
chelet. La grille, exécutée par M. Grandremy, a
été placée en 1868.

Les vitraux des cinq fenêtres, exécutés par
M. Plée, ont été placés en 1866, aux frais de
Mgr Auguste Allou, dont on voit les armes dans
la rose qui remplit l'ogive de la fenêtre centrale.
Le vitrail du milieu représente les différentes
scènes de la vie du disciple bien-aimé : 1° la vocation de saint Jean ; 2° saint Jean reposant sur
le sein de Notre-Seigneur ; 3° saint Jean au pied
de la croix ; 4° saint Jean arrive le premier au
tombeau ; 5° saint Jean reconnaît Notre-Seigneur,
Dominus est ; 6° saint Jean devant Domitien ;
7° saint Jean plongé dans l'huile bouillante ;

8º saint Jean exilé dans l'île de Pathmos ; 9º saint Jean écrit l'Apocalypse ; 10e saint Jean écrit l'Evangile ; 11º la scène du voleur ; 12º la mort de saint Jean.

Notre-Dame du Chevet. — La troisième chapelle, dédiée à la Sainte Vierge, a été, comme la première, reconstruite dans le style du XIIIᵉ siècle. On s'étonne souvent que cette chapelle ne soit pas plus grande que les autres, mais il faut remarquer que c'est seulement dans le cours du XIVᵉ siècle que s'introduisit l'usage de donner de plus grandes dimensions à la chapelle du chevet.

En 1756, M. de Fontenille y avait fait placer une grande statue en pierre et un autel décoré de quatre belles colonnes cannelées. Ces ouvrages, bien exécutés, avaient le tort de n'être nullement en harmonie avec le style de l'édifice.

La statue de la sainte Vierge, enlevée lors de la reconstruction de la chapelle, a été placée au fond du jardin de l'évêché.

La chapelle du chevet, terminée seulement en 1869, attend encore son dallage, son autel et sa grille ; et l'on a dû se borner à y placer un autel provisoire.

Les trois verrières, qui décorent le fond de cette chapelle, ont été exécutées par M. Plée, et posées en 1877 ; elles ont été payées avec le produit d'une souscription ouverte par le clergé du diocèse, le 28 mai 1875, jour où Mgr l'Evêque célébrait le 50ᵉ anniversaire de son sacerdoce, et par les offrandes tant de l'Evêque lui-même que de quelques généreux paroissiens, entre autres M. Clément Petit et Mme Adrien Dumont.

Ces verrières ne forment, pour ainsi dire, qu'un seul tableau sur lequel les divers sujets sont placés de bas en haut dans l'ordre suivant :

1° Naissance de la sainte Vierge. — Présentation au Temple. — Fiançailles avec saint Joseph.

2° Annonciation. — Visitation. — Naissance de Notre-Seigneur.

3° Adoration des bergers. — Adoration des Mages. — Purification de la sainte Vierge.

4° Fuite en Egypte. — Jésus au milieu des Docteurs. — Intérieur de Nazareth.

5° Noces de Cana. — Marie au pied de la Croix. — Descente du Saint-Esprit.

6° Mort, — Assomption, — Couronnement de la sainte Vierge.

Sainte Geneviève. — La quatrième chapelle, dédiée à sainte Geneviève, a été comme celle de saint Jean qui lui correspond, reconstruite dans le style du xive siècle ; elle attend encore son dallage, son autel et sa grille ; mais elle a été ornée, en 1869, de cinq verrières exécutées par M. Plée, et données par M. Clément Petit, receveur des finances, et Mme Cécile Barthe, son épouse.

Le vitrail central représente, dans le bas, saint Clément et sainte Cécile, patrons des donateurs, puis la légende de sainte Geneviève dans l'ordre suivant :

1° La naissance de sainte Geneviève ; 2° sainte Geneviève garde les moutons ; 3° saint Germain lui impose les mains ; 4° sainte Geneviève arrête Attila ; 5° sainte Geneviève nourrit le peuple en temps de famine ; 6° sainte Geneviève à Meaux : poursuivie par le fiancé de sainte Céline, elle se réfugie avec cette jeune vierge dans une église ; 7° sainte Geneviève guérit deux paralytiques à Meaux ; 8° elle guérit plusieurs possédés ; 9° la mort de sainte Geneviève, en 512 ; 10° la translation de ses reliques, guérison du mal des ardents en 1129.

Saint Fiacre. — La cinquième chapelle primitivement dédiée à saint Pierre, a été placée par le cardinal de Bissy, sous le vocable de saint Fiacre, patron de la Brie ; elle a été, comme celle de saint Jacques, reconstruite dans le style du XIII° siècle.

L'autel absolument semblable à celui de saint Jacques a été placé en 1856, et consacré par M. Fleurnoy, le 20 août 1870. La grille a été faite, sur les dessins de M. Ohnet, par M. Gaillardon, et placée en 1868.

Cette chapelle attend encore son vitrail principal. Les grisailles qu'on y voit sont dues à la générosité de Mme la comtesse Le Boulanger et de M. Verdier, Doyen du chapitre.

14. — Tombe de Bossuet et caveau des Evêques.

Conformément à un ancien et pieux usage, les Evêques de Meaux avaient été enterrés dans le sanctuaire et le chœur de leur cathédrale. En 1723, le cardinal de Bissy fit creuser un caveau sous le milieu du sanctuaire, pour servir à l'avenir de sépulture aux évêques. Le pavé du sanctuaire et du chœur fut alors complètement renouvelé, et, l'on enleva toutes les pierres tombales qui s'y trouvaient ; mais on eut soin de laisser tous les corps à leur p'ace. Par respect pour Bossuet. on transporta sa pierre tumulaire derrière le maître-autel, où on a pu la voir jusque dans ces derniers temps. On savait que Bossuet avait été, selon son désir, enterré dans le sanctuaire, du côté de l'épî-tre ; mais depuis le déplacement des tombes en 1723, on avait perdu peu à peu le souvenir de l'emplacement de sa sépulture. En 1854, comme on exécutait quelques travaux de dallage dans le sanctuaire, l'évêque de Meaux en profita pour faire une recherche exacte de la place où reposait son illustre prédécesseur, et le 8 novembre on découvrit la petite fosse renfermant le corps de Bossuet, dans la première travée du sanctuaire, à 1 mètre 50 de la grille qui sépare le sanctuaire du bas-côté. Le 14 novembre le cercueil de plomb fut retiré du caveau, la partie qui recouvrait la tête fût ouverte, et l'on put voir un crâne parfaitement conformé, recouvert d'une peau desséchée.

la bouche entrouverte, et les dents de la mâchoire supérieure parfaitement conservées. Dans la nuit suivante on remplaça par une glace la portion de plomb qui recouvrait la figure. Le 15, un service fut célébré pour Bossuet et les autres évêques de Meaux, et le 16, le cercueil fut replacé dans son caveau funéraire. On a fermé ce caveau avec la pierre tombale, qui était fort dégradée, et on a placé par dessus une nouvelle pierre de marbre noir donnée par l'Etat, sur laquelle on a reproduit l'ancienne inscription latine qui indique aux visiteurs de la cathédrale l'endroit précis où repose le grand évêque.

Le caveau des évêques construit par le cardinal de Bissy a été ouvert le 9 juillet 1869. On n'y a trouvé que trois évêques : au fond, le cardinal de Bissy, dans un cercueil de plomb que l'on a renfermé dans une nouvelle bière en chêne ; à droite, près du mur, M. de la Roche de Fontenille, mort à Meaux, en 1759 ; et à gauche, en face de M. de Fontenille, Claude de Barral, ancien évêque de Troyes, décédé le 1er février 1803 chez son neveu, Louis-Mathias de Barral, premier évêque de Meaux après le concordat.

Il est à remarquer qu'aucun des successeurs de M. de Fontenille n'a été jusqu'ici déposé dans ce caveau. MM. de Caussade, de Polignac, de Barral et de Faudoas sont décédés à Paris ; M. de Cosnac a été inhumé dans la métropole de Sens, et M. Gallard dans celle de Reims.

Dieu veuille que celui qui a rédigé cette notice

repose un jour, dans la paix du Seigneur, à la place qu'il s'est choisie lui-même dans ce caveau, que le cardinal de Bissy avait destiné à tous ses successeurs !

15. — Bâtiment dit le Vieux-Chapitre.

Au nord-est de la cathédrale, un édifice d'un aspect imposant fixe l'attention des visiteurs. Dom Duplessis recule sa construction jusqu'au ixᵉ siècle, et suppose qu'il servait de dortoir et de réfectoire aux chanoines, auxquels le concile de Meaux de 845 avait prescrit la vie commune. Mais il est évident que ce bâtiment ne remonte pas à une époque aussi reculée. D'après une charte de l'évêque Burchard en 1123, on peut supposer qu'à cette époque les bâtiments claustraux, auxquels Toussaint Duplessis fait allusion, étaient dans le plus mauvais état, et que, comme la vie commune n'était plus en usage au xiiᵉ siècle, ils auront été remplacés par le bâtiment actuel. Nous croyons pouvoir l'attribuer avec certitude au xiiᵉ siècle, et nous pensons qu'il a été principalement construit pour servir de grange et de cellier, comme la grange des dîmes de Provins et les vastes celliers de Pontigny, qui appartiennent incontestablement à ce siècle. Ajoutons néanmoins que le chapitre faisait de ce bâtiment le siège de sa juridiction temporelle, et qu'il pouvait tenir des assemblées dans la salle du premier étage.

Quoi qu'il en soit de son âge, le bâtiment
connu à Meaux sous le nom de Château du chapitre ou Vieux-chapitre, forme un rectangle de
26 mètres de longueur sur 13 de largeur, flanqué
à ses angles de tourelles en encorbellement. Du
côté de la cour saillit un élégant escalier de
pierre avec une toiture soutenue par des poteaux
en bois, ornés de sculptures du xv ou du x·ı^e siècle.
La façade extérieure, véritablement imposante,
est soutenue par des contreforts reposant sur un
soubassement d'environ 2 mètres de hauteur; elle
forme cinq travées éclairées par des fenêtres
à linteaux droits, inscrites dans des baies de
forme ogivale au rez-de-chaussée et cintrées au
premier étage.

A l'intérieur, le bâtiment est divisé en quatre
étages en y comprenant une belle cave voûtée et
soutenue par quatre colonnes. Le rez-de-chaussée, dont la porte s'ouvre sous le palier de l'escalier, est partagé en cinq travées par quatre colonnes, un peu trapues, dont les chapiteaux sont
ornés de larges feuilles assez grossièrement
travaillées; les arceaux de la voûte presque
carrés ne présentent aucun ornement à leur point
d'intersection. Au premier étage, les voûtes sont
remplacées par un plafond à solivage, et les pou-
tres sont soutenues par des poteaux répondant
aux colonnes inférieures. Le dernier étage se
déploie sous les combles sans supports inté-
rieurs.

Tel était encore l'état de notre vieux chapitre

il y a quarante ans ; mais, comme la petite façade du midi menaçait ruine, les architectes chargés de la restauration de la cathédrale ont jugé à propos d'en démolir la partie supérieure. Le rez-de-chaussée ainsi que le premier étage ont été séparés en plusieurs pièces par des cloisons, et servent aujourd'hui d'ateliers pour les sculpteurs, de magasins, et de bureaux pour les architectes. Il est à regretter que l'administration des monuments historiques n'ait pas accordé les 70,000 fr. que l'on demandait pour la restauration de cet intéressant édifice.

PALAIS ÉPISCOPAL.

---

1. — Plan général et Notions historiques.

Le palais épiscopal de Meaux consiste dans deux grands bâtiments adossés l'un à l'autre, sur une longueur d'environ 40 mètres. Au levant, un ancien cloître, converti en salles de catéchismes, relie le bâtiment de l'évêché à la cathédrale.

L'ensemble des bâtiments n'offre aucune régularité du côté de la cour. Au premier coup d'œil, on est frappé de la masse imposante d'un corps avancé, servant de cage à l'escalier. A droite, on remarque deux grandes fenêtres ogivales à compartiments flamboyants; à gauche, une façade à deux étages d'apparence toute moderne, et un bâtiment en retour arrivant jusqu'à la place du parvis.

Du côté du jardin, le palais présente, au premier étage, une façade percée de sept fenêtres avec deux avant-corps ayant chacun deux fenêtres. Au rez-de-chaussée neuf arcades dont deux plus grandes sous les avant-corps, et sept plus petites supportant un balcon devant les sept fenêtres du milieu. Le bâtiment se prolonge à

l'ouest, et offre quatre arcades surbaissées de l'é-
poque de la Renaissance.

Le jardin s'étend sur toute la largeur des bâtiments, jusqu'au bout de la rue de Bossuet, et aux
anciens remparts de la ville, qui forment une
longue terrasse, depuis la rue de Bossuet jusqu'à
la rue Notre-Dame.

L'histoire de Meaux ne nous apprend rien sur
l'époque à laquelle fut construit le palais épiscopal, ni sur ses premiers fondateurs. Nous sa-
vons seulement, par un acte authentique, qu'au
milieu du xii⁰ siècle, la demeure de l'Evêque
était contiguë à l'église de Saint-Etienne,
et l'on peut rapporter à l'évêque Manassès les
salles voûtées du rez-de-chaussée, ainsi que la
chapelle, dont les caractères architectoniques in-
diquent assez le xiiᵉ siècle. Guillaume Briçonnet
(1516-1534) augmenta et orna le palais épiscopal.
C'est à lui que l'on doit la pente douce qui conduit aux appartements, et très probablement les
deux corps avancés faisant saillie sur le jardin,
ainsi que les quatre arcades surbaissées.

Louis de Brézé fit élever en 1582 ou 1586 l'aile
des bâtimens qui s'étend des écuries à la place
Saint-Etienne, ainsi que la porte cochère avec
une chambre au-dessus pour le portier. Le cardinal de Bissy avait fait remplacer cette porte
cochère en 1719, par une autre porte très ornée
sur laquelle ses armes étaient sculptées; on y
a substitué depuis une simple grille.

Dominique Séguier (1637-1659) fit de grands

travaux dans l'Evêché. Ses prédécesseurs habitaient les petits appartements sur la cour. Ce fut lui qui rendit logeables les grands appartements sur le jardin. Il acheta plusieurs maisons du cloitre, à l'exemple de Guillaume Briçonnet, pour agrandir le jardin, au milieu duquel il fit creuser un beau bassin ; et en 1642, il obtint de Louis XIII l'autorisation de réunir au jardin de l'évêché les anciens remparts de la ville, qu'il convertit en terrasses. Dominique de Ligny, son neveu et son successeur (mort en 1681), fit construire sur cette terrasse un petit ermitage et planter de beaux berceaux.

2. — Salles voûtées du rez-de-chaussée.

Le rez-de-chaussée donnant sur le jardin, composé de huit travées, ne formait dans l'origine que deux grandes salles voûtées, l'une de cinq travées, l'autre de trois, séparées par un gros mur dans lequel était pratiquée une vaste cheminée. La première de ces salles est soutenue par quatre colonnes et l'autre par deux. Ces colonnes, dont la base est aujourd'hui enfouie de 75 cent. sous le carreau, sont remarquables par leur légèreté ; quatre petites colonnettes fortement engagées donnent à leur fût une forme presque carrée. Les chapiteaux, variés dans leurs ornements, offrent principalement de grandes feuilles grasses un peu recourbées.

Les voûtes sont supportées par de gros tores formant des arcs à plein-cintre.

Les fenêtres ont été bouchées ou retouchées à plusieurs reprises, cependant on peut y reconnaître encore quelques pleins-cintres.

Ces deux grandes salles ont été dénaturées par deux gros murs construits pour former des avant-corps sur le jardin : Depuis on y a fait d'autres divisions et établi un corridor.

3. — Chapelle.

Au-dessous de la chapelle située au premier étage, il y avait une chapelle inférieure qui ouvrait primitivement sur la cour par deux grandes arcades ogivales sans ornements. Mais en avant de ces arcades, on a plus tard élevé un gros mur à un mètre seulement de distance.

La chapelle supérieure mesure 13 mètres de longueur sur 6 de largeur, et se compose d'un hémicycle et de deux travées que l'on peut rapporter à la fin du xiie siècle, ou au commencement du xiiie. La voûte est soutenue par de gros tores.

Ces arceaux retombent sur des colonnes dont la base est engagée de près d'un mètre sous le carreau, et dont les chapiteaux très variés présentent des feuilles grasses ou plissées.

L'hémicycle est éclairé par deux fenêtres ogivales sans aucun ornement. Il en existait trois autres semblables au fond de l'hémicycle, et l'une d'elles est encore très apparente à l'extérieur.

Deux autres fenêtres devaient être pratiquées dans le mur, qui originairement fermait la chapelle du côté du midi, avant que l'on y eût ajouté l'annexe dont nous avons parlé plus haut. Cette construction nouvelle, destinée à former deux petites chapelles ou simplement un passage pour descendre de l'intérieur des appartements dans la cathédrale, offre tous les caractères du XVᵉ siècle.

M. Séguier avait fait peindre la chapelle, et on peut voir quelques restes de ces peintures sur la voûte de l'hémicycle.

Le même évêque avait séparé par des balustrades à jour la partie ancienne de la chapelle de la construction plus récente, afin d'établir un passage pour descendre à la cathédrale. Ces balustrades ont été supprimées par M. de Cosnac, et remplacées par des cloisons pleines dont l'avantage est réel, mais dont l'effet est très disgracieux.

L'autel en bois est formé de parties incohérentes, et n'a aucun intérêt.

4. — Grand escalier.

Le grand escalier, l'une des particularités les plus remarquables du palais épiscopal de Meaux, est renfermé dans un gros pavillon faisant saillie sur la cour. Il est éclairé à chaque étage par de longues fenêtres terminées carrément et divisées en deux ou quatre parties par des meneaux de pierre.

A l'intérieur, un énorme mur de 8 mètres de longueur, et de 1 mètre 27 cen imètres d'épaisseur, forme le noyau de l'escal er. Trois rampes douces formées de briques sur champ, d'environ 2 mètres de large, conduisent au premier étage sur un développement de 34 mètres. Au-dessus de ces rampes, la voûte est divisée en un grand nombre de carrés, par de grosses moulures anguleuses qui se croisent dans chaque carré.

Deux rampes semblables, mais d'une pente plus rapide, conduisent du premier étage au second. Les sept marches qui se trouvent aujourd'hui au bas de cette deuxième montée, ne datent que de M. de Cosnac, et auparavant les mulets pouvaient monter facilement jusqu'au grenier.

5. — Appartements. — Chambre de Bossuet.

Le grand appartement distribué par M. Séguier, au milieu du XVIIᵉ siècle, se composait de cinq pièces seulement : en face de l'escalier, la salle dite du *Synode*, mesurant 15 mètres de longueur sur 9 mètres 50 cent. de largeur; à gauche de cette salle, une grande chambre faisant saillie sur le jardin; à droite, un salon et un appartement composé de deux pièces dont l'une donnant sur le jardin.

Cet appartement ainsi disposé était grand et noble, mais à peine habitable. M. de Cosnac l'a rendu beaucoup plus commode en 1825, en distribuant la salle du Synode en trois pièces, et en établissant un corridor entre les appartements donnant sur le jardin et ceux qui donnent sur la cour. Mais il faut avouer que par la suppression de la salle du Synode, le palais épiscopal a perdu quelque chose de son imposante grandeur.

Quelle chambre habitait Bossuet? C'est la première question que nous adressent les visiteurs de l'Evêché, et à laquelle nous ne saurions répondre avec certitude. Toutefois, nous avons de fortes raisons de croire que Bossuet habitait la chambre qui fait suite au salon, et que la pièce contiguë donnant sur le jardin était son cabinet de travail.

Cet appartement a été restauré vers 1750 par M. de la Roche de Fontenille, dont les armoiries ont été sculptées sur les boiseries et sur la poutre. On y voit un beau portrait en pied de Louis XV encore jeune, donné par le roi à M. de Fontenille.

Dans la pièce contiguë, convertie en chambre à coucher, on remarque, au-dessus de la cheminée, un portrait de femme que l'on croit être celui de la Reine d'Angleterre, dont Bossuet a consacré la mémoire par son admirable oraison funèbre.

Après son arrestation à Varennes, l'infortuné Louis XVI passa la nuit du 24 au 25 juin 1791 dans cet appartement. Le Roi et le Dauph'n couchèrent dans la grande chambre; la Reine, la

Dauphine et madame Elisabeth couchèrent sur des lits de camp dans la pièce contiguë, qui servait alors de bibliothèque. Vingt-trois ans plus tard, l'empereur Napoléon passa dans ce même appartement la nuit du 15 au 16 février 1814, deux jours avant la bataille de Montèreau.

Nous mentionnerons, dans le salon, un beau buste en marbre blanc du cardinal de Polignac, dû au ciseau de Bouchardon, un bon portrait du cardinal de Bissy, peint par Nicolas de Largillière, et une magnifique tapisserie des Gobelins représentant saint Etienne, d'après Mauzaise; c'est un don fait en 1838, par le roi Louis-Philippe, à la cathédrale, qui avait prêté ses grands tableaux à la manufacture des Gobelins.

6. Jardin. — Terrasse. — Cabinet de Bossuet.

On dit ordinairement que le jardin de l'Evêché a été dessiné par le célèbre Le Nôtre. Si le fait est exact, ce jardin fut un de ses premiers ouvrages, puisque Le Nôtre n'avait que 29 ans lorsque M. Séguier fit planter le jardin. Nous en avons une description en vers latins, composée par Pierre Leber, lieutenant-général du bailliage de Meaux. L'auteur y donne une libre carrière à son imagination poétique.

Mais on pense bien que tout ce luxe d'arbres verts qu'il décrit avec complaisance a depuis longtemps disparu. Une belle allée de tilleuls plantée par M. de Polignac vers 1787 règne autour du jardin ; le bassin, supprimé lors de la révolution, et transformé, pendant plus de 60 ans, en une corbeille de fleurs a été rétabli en 1863.

La partie de la terrasse qui s'étend à droite de l'escalier mérite de fixer l'attention de tous ceux qui attachent quelque prix aux souvenirs historiques.

Derrière un berceau de tilleuls se trouve le petit ermitage bâti par M. de Ligny, auquel on a improprement donné le nom de cabinet de Bossuet. Ce bâtiment se compose d'un petit vestibule servant de passage, de 2 m. 60 de largeur, et d'une pièce de 7 m. de long sur 3 m. 75 c. de large, au bout de laquelle est un petit réduit de 2 m. 45 sur 1 m. 82 avec une mansarde au-dessus.

Dans l'origine, le vestibule servant de passage n'existait pas ; il fut établi dans les premières années de ce siècle, lorsque M. de Barral eut obtenu de l'Empereur une somme assez importante pour restaurer ce pavillon. Les travaux avaient été faits d'une manière peu intelligente ; et, en 1858, sur nos instances réitérées, M. Rouland, ministre de l'Instruction publique et des cultes, voulut bien accorder des fonds pour restaurer ce modeste ermitage. La costière du levant, qui menaçait ruine, fut relevée de fond en comble ; la couverture fut refaite presque en entier ; on substitua un ancien parquet au carrelage dégradé, et toutes les boiseries furent refaites, dans le style du xviie siècle, par M. Grandremy, menuisier à Meaux.

A la suite du cabinet de Bossuet se développe une belle allée d'ifs, de 50 mètres de longueur, plantée par M. de Ligny. Elle faisait l'admiration de tous les visiteurs ; mais malheureusement, ces ifs deux fois séculaires ont été en grande partie gelés, au mois de décembre 1879, par un froid de 28 degrés centigrades.

C'est une tradition à Meaux, que Bossuet se retirait souvent dans cet ermitage, pour s'y livrer avec plus de recueillement à ses travaux, et même qu'il couchait dans la modeste cellule dont nous venons de parler. Mais nous devons à la vérité d'avouer que cette tradition n'a nul fondement ; l'abbé Ledieu, qui nous a laissé les détails les plus minutieux sur la vie intime de Bossuet, n'en dit pas le moindre mot, et ses autres historiens n'en parlent pas davantage. Que Bossuet se soit reposé quelquefois dans ce *casino*, et qu'il y ait médité avant de monter dans la chaire de sa cathédrale, c'en est assez pour nous rendre ce lieu vénérable.

TABLE

CATHÉDRALE.

PALAIS ÉPISCOPAL.

Meaux. — A. Le Blondel, imprimeur-libraire de l'Evêché.

www.ingramcontent.com/pod-product-compliance
Lightning Source LLC
LaVergne TN
LVHW022128080426
835511LV00007B/1079